Impressum
Verlag: BABADADA GmbH, Nedderfeld 112 , 22529 Hamburg
Geschäftsführer / Verlagsleitung: Harald Hof
Druck: Books on Demand GmbH, In de Tarpen 42, 22848 Norderstedt

Imprint
Publisher: BABADADA GmbH, Nedderfeld 112 , 22529 Hamburg, Germany
Managing Director / Publishing direction: Harald Hof
Print: Books on Demand GmbH, In de Tarpen 42, 22848 Norderstedt, Germany

# 学校

## mokykla

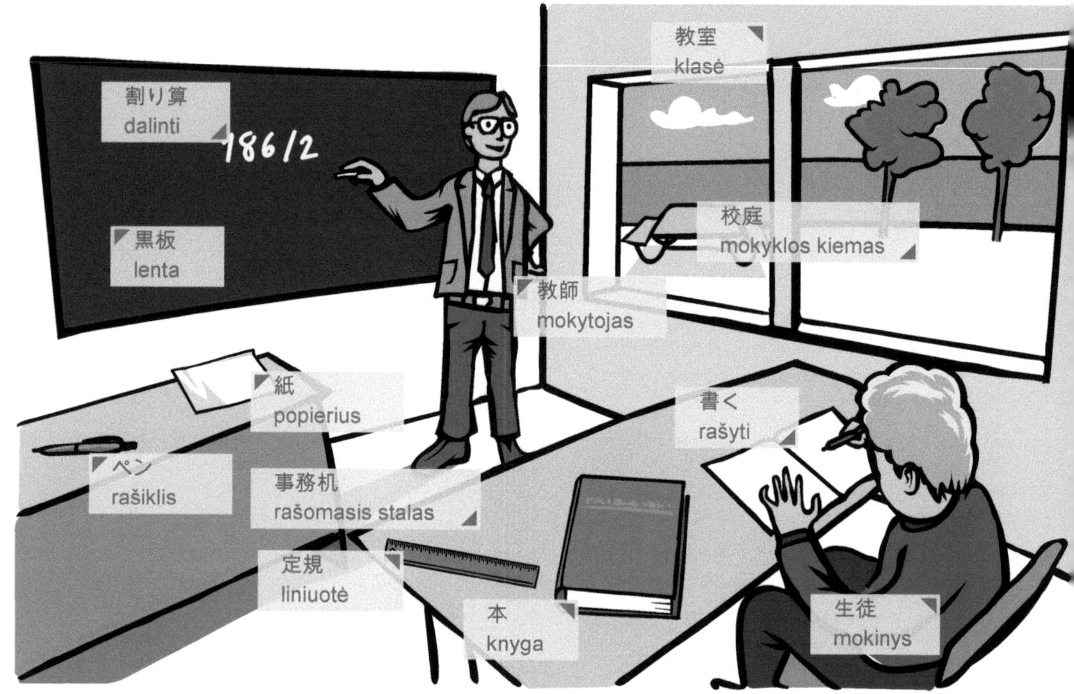

教室
klasė
割り算
dalinti
186/2
黒板
lenta
校庭
mokyklos kiemas
教師
mokytojas
紙
popierius
書く
rašyti
ペン
rašiklis
事務机
rašomasis stalas
定規
liniuotė
本
knyga
生徒
mokinys


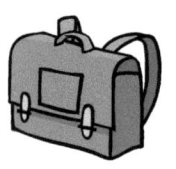

ランドセル

kuprinė

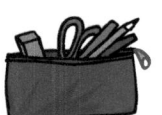

筆入れ

penalas

鉛筆

pieštukas

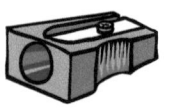

鉛筆削り

drožtukas

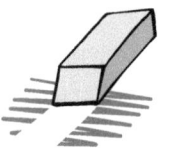

消しゴム

trintukas

スケッチブック

piešimo bloknotas

スケッチ

piešinys

絵筆

teptukas

絵の具箱

dažų dėžutė

はさみ

žirklės

接着剤

klijai

練習帳

vadovėlis

宿題

namų darbai

**12**

数

numeris

**2+2**

足し算

pridėti

**5-2**

引き算

atimti

**2×2**

かけ算

dauginti

計算する

skaičiuoti

**A**

文字

raidė

ABCDEFG
HIJKLMN
OPQRSTU
VWXYZ

アルファベット

abėcėlė

**hello**

単語

žodis

テキスト

tekstas

読む

skaityti

チョーク

kreida

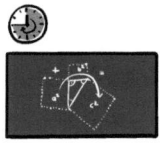

授業

pamoka

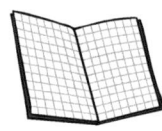

学級日誌

dienynas

試験

egzaminas

通知表

pažymėjimas

制服

mokyklinė uniforma

教育

išsilavinimas

百科事典

enciklopedija

大学

universitetas

顕微鏡

mikroskopas

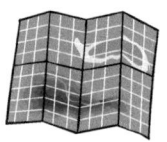

地図

žemėlapis

ごみ箱

šiukšliadėžė

# 旅行

## kelionė

ホテル
viešbutis
Grand
ホステル
svečių namai
ROOMS
両替所
valiutos keitykla
CHANGE
スーツケース
lagaminas
自動車
mašina


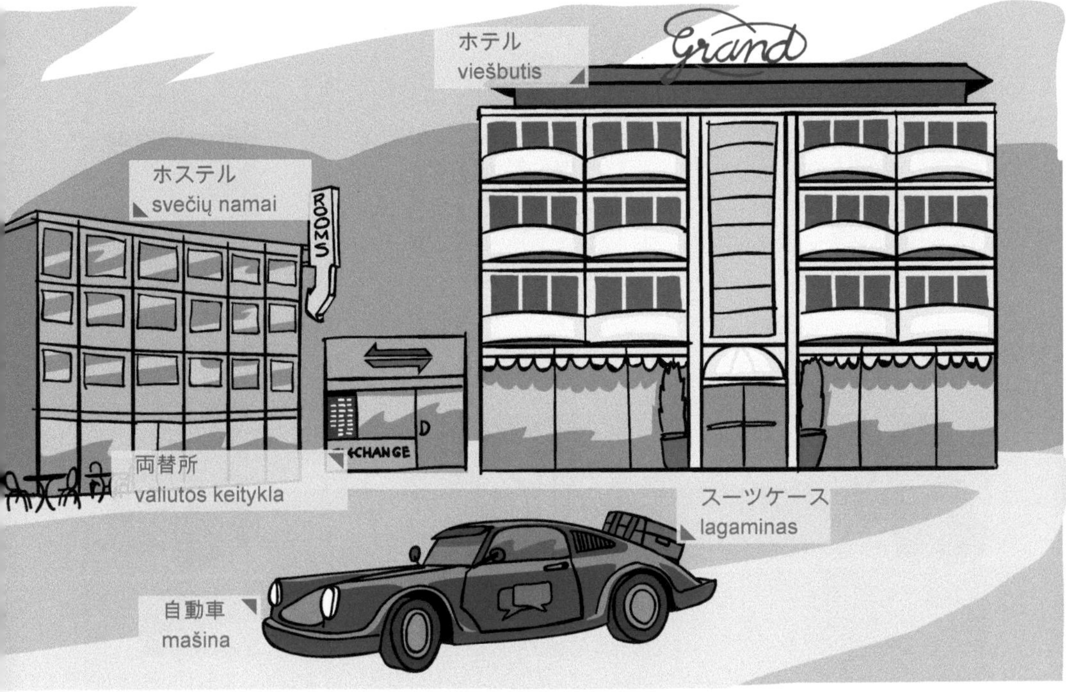

言語

kalba

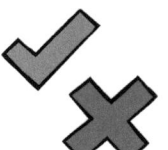

はい / いいえ

taip / ne

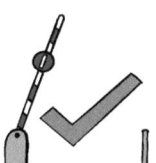

問題ない

Gerai

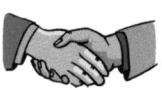

ハロー

sveiki

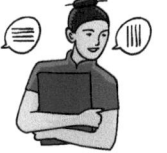

翻訳者

vertėjas raštu

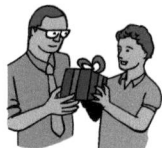

ありがとう

Ačiū

…はいくらですか？

kiek kainuoja...?

わかりません

aš nesuprantu

問題

problema

こんばんは！

Labas vakaras!

おはようございます！

Labas rytas!

おやすみなさい！

Labos nakties!

さようなら

viso gero

方向

kryptis

手荷物

bagažas

バッグ

krepšys

リュックサック

kuprinė

お客様

svečias

部屋

kambarys

寝袋

miegmaišis

テント

palapinė

旅行者情報

turizmo informacija

ビーチ

paplūdimys

クレジットカード

kreditinė kortelė

朝食

pusryčiai

昼食

pietūs

夕食

vakarienė

チケット

bilietas

エレベーター

liftas

スタンプ

pašto ženklas

境界

siena

税関

muitinė

大使館

ambasada

ビザ

viza

パスポート

pasas

旅行 - kelionė

# 輸送

# transportas

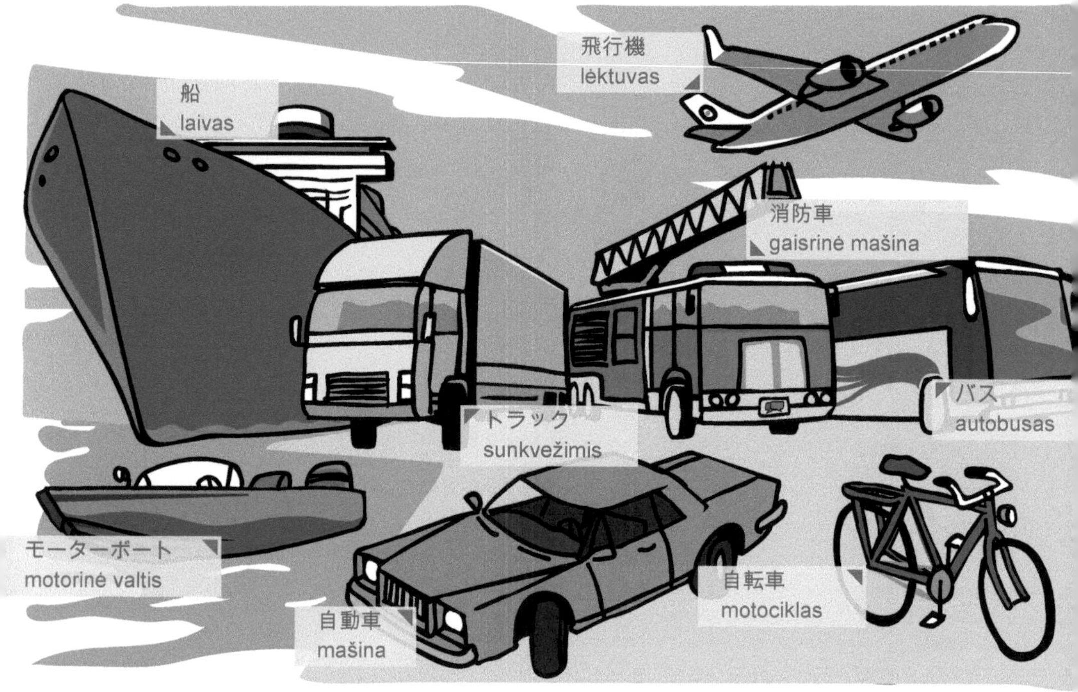
飛行機
lėktuvas
船
laivas
消防車
gaisrinė mašina
トラック
sunkvežimis
バス
autobusas
モーターボート
motorinė valtis
自転車
motociklas
自動車
mašina

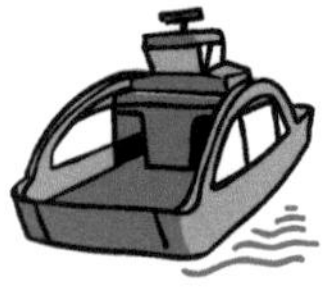

フェリー

keltas

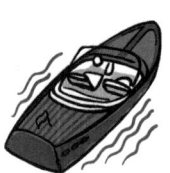

ボート

valtis

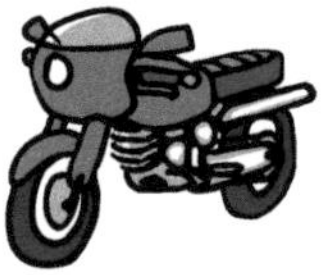

バイク

mopedas

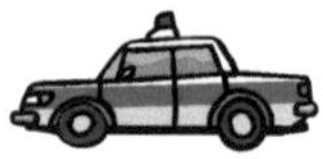

パトカー

policijos automobilis

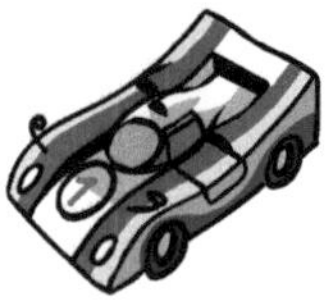

レーシングカー

lenktyninis automobilis

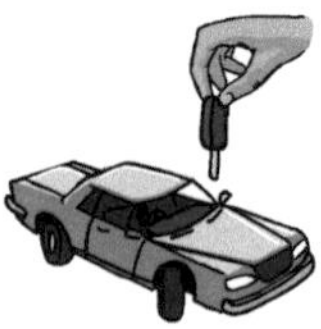

レンタカー

nuomojamas automobilis

カーシェアリング

bendras automobilio
naudojimas

レッカー車

techninės pagalbos
automobilis

ごみ収集車

šiukšliavežė

モーター

variklis

燃料

degalai

ガソリンスタンド

degalinė

交通標識

kelio ženklas

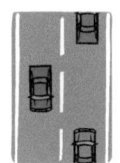

交通

eismas

渋滞

eismo spūstis

駐車場

mašinų stovėjimo aikštelė

駅

traukinių stotis

道

bėgiai

列車

traukinys

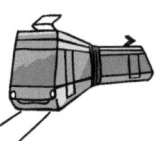

路面電車

tramvajus

車両

vagonas

ヘリコプター
sraigtasparnis

空港
oro uostas

タワー
bokštas

乗客
keleivis

コンテナ
konteineris

段ボール箱
dėžė

カート
vežimėlis

カゴ
krepšys

離陸 / 着陸
pakilti / nusileisti

# 都市

## miestas

村
kaimas

都心
miesto centras

家
namas

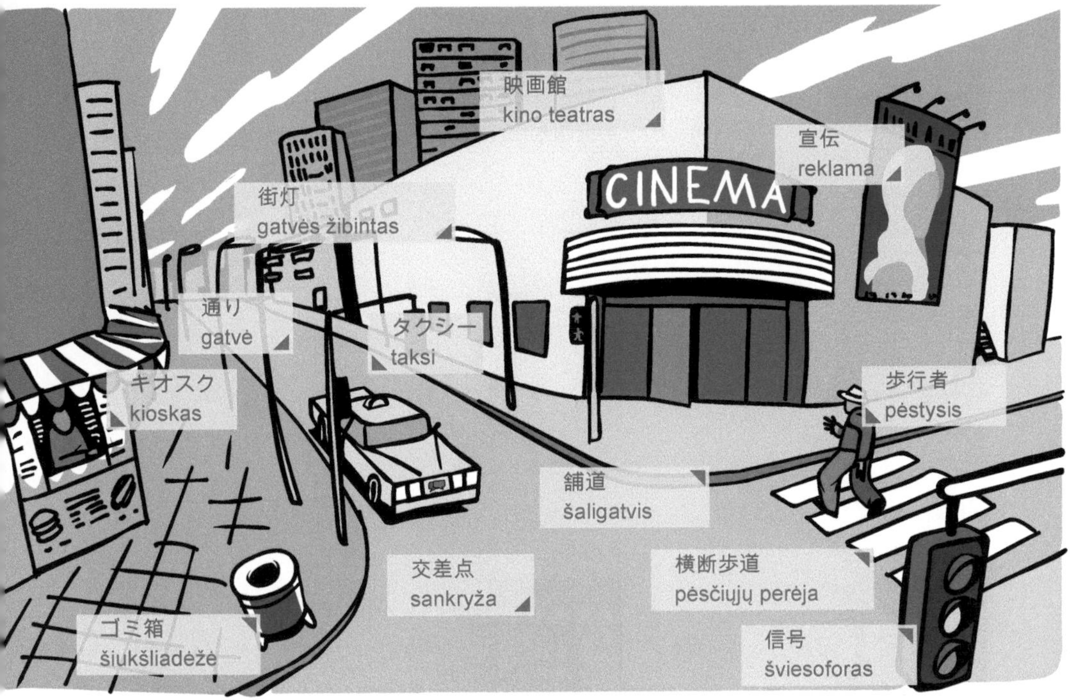

映画館
kino teatras
宣伝
reklama
CINEMA
街灯
gatvės žibintas
通り
gatvė
タクシー
taksi
キオスク
kioskas
歩行者
pėstysis
舗道
šaligatvis
横断歩道
pėsčiųjų perėja
交差点
sankryža
ゴミ箱
šiukšliadėžė
信号
šviesoforas

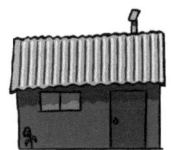

小屋
trobelė

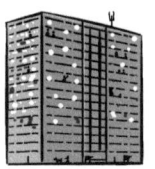

アパート
butas

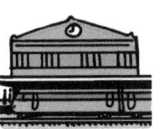

駅
traukinių stotis

市役所
rotušė

MUSEUM
美術館
muziejus

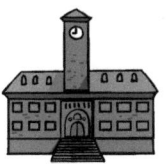

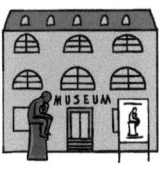

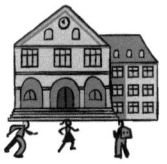

学校
mokykla

大学

universitetas

銀行

bankas

病院

ligoninė

ホテル

viešbutis

薬局

vaistinė

オフィス

biuras

書店

knygynas

ショップ

parduotuvė

花屋

gėlių parduotuvė

スーパーマーケット

prekybos centras

市場

turgus

デパート

universalinė parduotuvė

魚屋

žuvies parduotuvė

ショッピングセンター

prekybos centras

港

uostas

公園

parkas

ベンチ

suoliukas

橋

tiltas

階段

laiptai

地下鉄

metro

トンネル

tunelis

バス停

autobusų stotelė

バー

baras

レストラン

restoranas

ポスト

lauko pašto dėžutė

道路標識

kelio ženklas

パーキングメーター

parkomatas

動物園

zoologijos sodas

スイミングプール

baseinas

モスク

mečetė

農場

ūkininko ūkis

汚染

tarša

基地

kapinės

教会

bažnyčia

遊び場

žaidimų aikštelė

寺

šventykla

# 風景

## kraštovaizdis

葉
lapas

道標
kelio rodyklė

道
kelias

草地
pieva

石
akmuo

木
medis

ハイカー
ėjikas

川
upė

草
žolė

花
gėlė

谷
slėnis

山
kalva

湖
ežeras

森
miškas

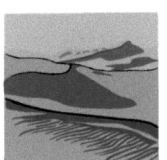

砂漠
dykuma

火山
ugnikalnis

城
pilis

虹
vaivorykštė

キノコ
grybas

ヤシの木
palmė

蚊
uodas

ハエ
musė

蟻
skruzdėlė

ミツバチ
bitė

クモ
voras

カブトムシ

vabalas

蛙

varlė

リス

voverė

ハリネズミ

ežys

ウサギ

kiškis

フクロウ

pelėda

鳥

paukštis

白鳥

gulbė

雄豚

šernas

鹿

elnias

ヘラジカ

briedis

ダム

užtvanka

風力タービン

vėjo jėgainė

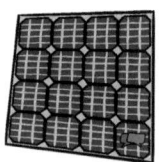

ソーラーパネル

saulės baterija

気候

klimatas

# レストラン
# restoranas

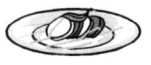

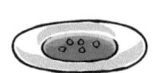

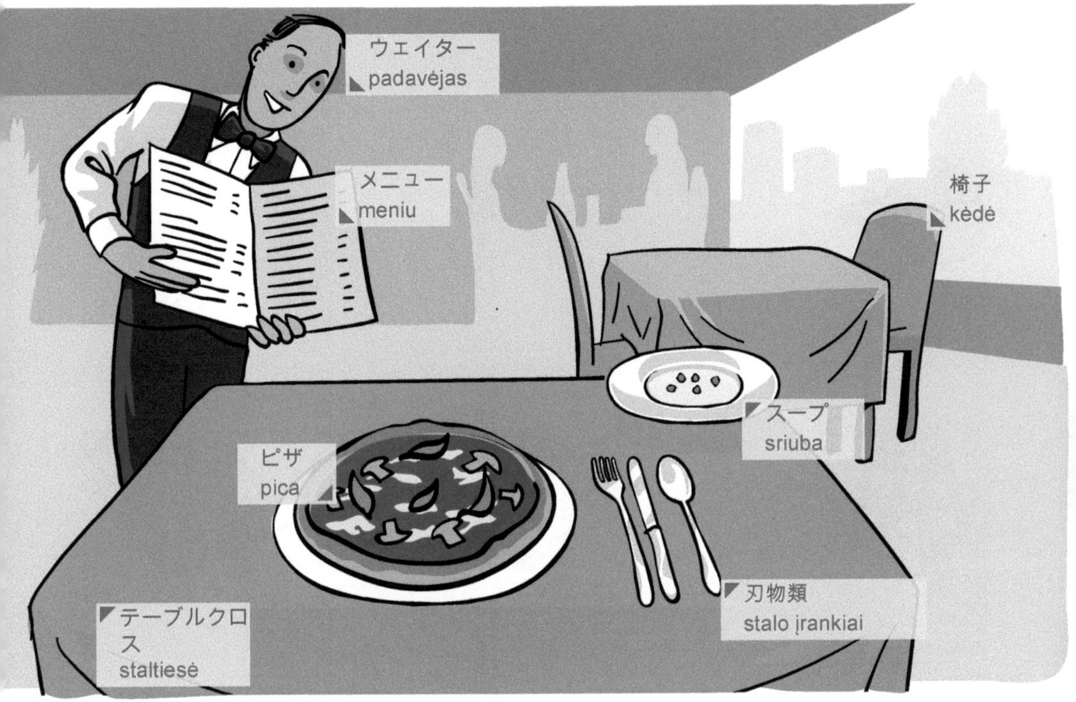

ウェイター
padavėjas
メニュー
meniu
椅子
kėdė
スープ
sriuba
ピザ
pica
刃物類
stalo įrankiai
テーブルクロス
staltiesė


前菜

užkandis

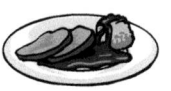

メインコース

pagrindinis patiekalas

デザート

desertas

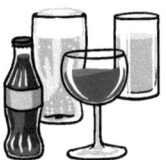

飲み物

gėrimai

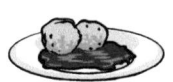

食べ物

maistas

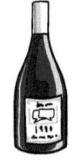

ボトル

butelis

ファストフード

greitai pateikiamas maistas

屋台の食べ物

gatvės maistas

ティーポット

arbatinukas

砂糖入れ

cukrinė

一人前

porcija

エスプレッソマシン

espreso aparatas

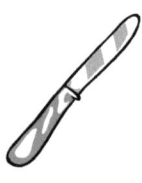

幼児用食事椅子

aukšta kėdė

請求書

sąskaita

トレー

padėklas

ナイフ

peilis

フォーク

šakutė

スプーン

šaukštas

ティースプーン

arbatinis šaukštelis

ナプキン

servetėlė

グラス

stiklinė

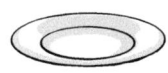

皿
lėkštė

スープ皿
sriubos lėkštė

受け皿
padėklas

ソース
padažas

塩入れ
druskinė

ペッパーミル
pipirų malūnėlis

酢
actas

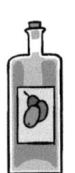

油
aliejus

スパイス
prieskoniai

ケチャップ
kečupas

マスタード
garstyčios

マヨネーズ
majonezas

# スーパーマーケット
## prekybos centras

特価品
specialus pasiūlymas
FOR
顧客
pirkėjas
乳製品
pieno produktai
ショッピング・カート
troleibusas
果物
vaisiai

BUTCHERS
肉屋
mėsos parduotuvė

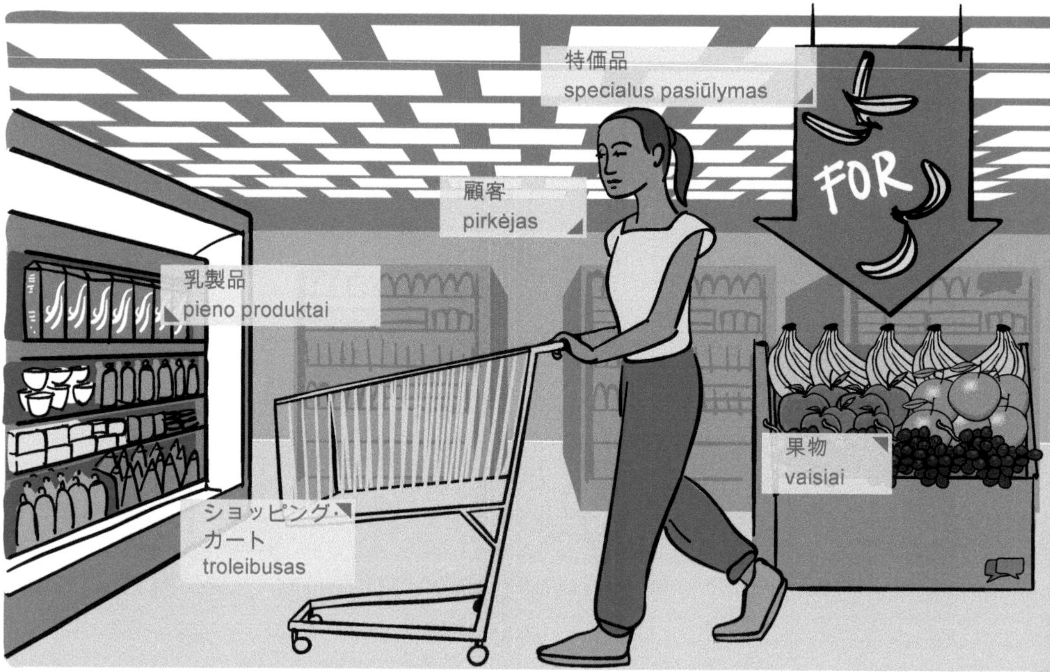

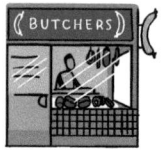

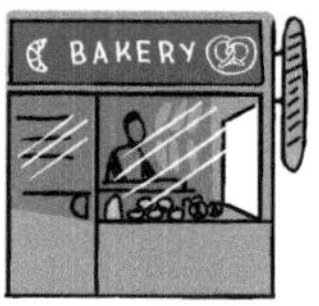

BAKERY
パン屋
kepykla

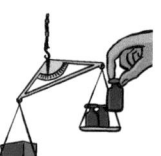

重さをはかる
sverti

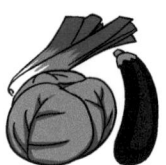

野菜
daržovės

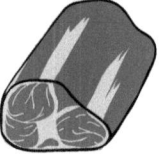

肉
mėsa

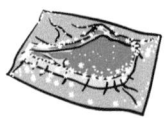

冷凍食品
šaldytas maistas

冷肉の薄切り

šalti mėsos užkandžiai

缶詰食品

konservai

洗剤

skalbimo milteliai

菓子

saldumynai

家庭用品

ūkinės prekės

清掃用品

valymo priemonės

販売員

pardavėja

現金箱

kasos aparatas

レジ係

kasininkas

買い物リスト

pirkinių sąrašas

開館時刻

darbo valandos

財布

piniginė

クレジットカード

kreditinė kortelė

バッグ

maišelis

ポリ袋

plastikinis maišelis

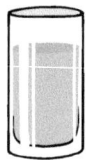

水

vanduo

ジュース

sultys

牛乳

pienas

コーラ

kola

ワイン

vynas

ビール

alus

アルコール

alkoholis

ココア

kakava

紅茶

arbata

コーヒー

kava

エスプレッソ

espresas

カプチーノ

kapučinas

バナナ

bananas

リンゴ

obuolys

オレンジ

apelsinas

メロン

arbūzas

レモン

citrina

ニンジン

morka

ニンニク

česnakas

竹

bambukas

玉ねぎ

svogūnas

キノコ

grybas

ナッツ

riešutai

ヌードル

makaronai

スパゲッティ

spagečiai

米

ryžiai

サラダ

salotos

フライドポテト

traškučiai

フライドポテト

keptos bulvės

ピザ

pica

ハンバーガー

mėsainis

サンドウィッチ

sumuštinis

カツレツ

pjausnys

ハム

kumpis

サラミ

saliamis

ソーセージ

dešrelė

鶏肉

vištiena

焼き

kepsnys

魚

žuvis

麦のお粥

avižų dribsniai

ムーズリ

dribsniai su priedais

コーンフレーク

kukurūzų dribsniai

小麦粉

miltai

クロワッサン

prancūziškasis ragelis

ロールパン

bandelė

パン

duona

トースト

skrebutis

ビスケット

sausainiai

バター

sviestas

カッテージチーズ

varškė

ケーキ

tortas

卵

kiaušinis

目玉焼き

kiaušinienė

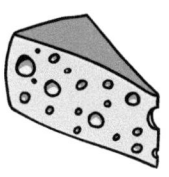

チーズ

sūris

食べ物 - maistas

アイスクリーム

ledai

砂糖

cukrus

はちみつ

medus

ジャム

uogienė

ヌガークリーム

tepamas šokoladas

カレー

karis

# 農場

# ūkininko ūkis

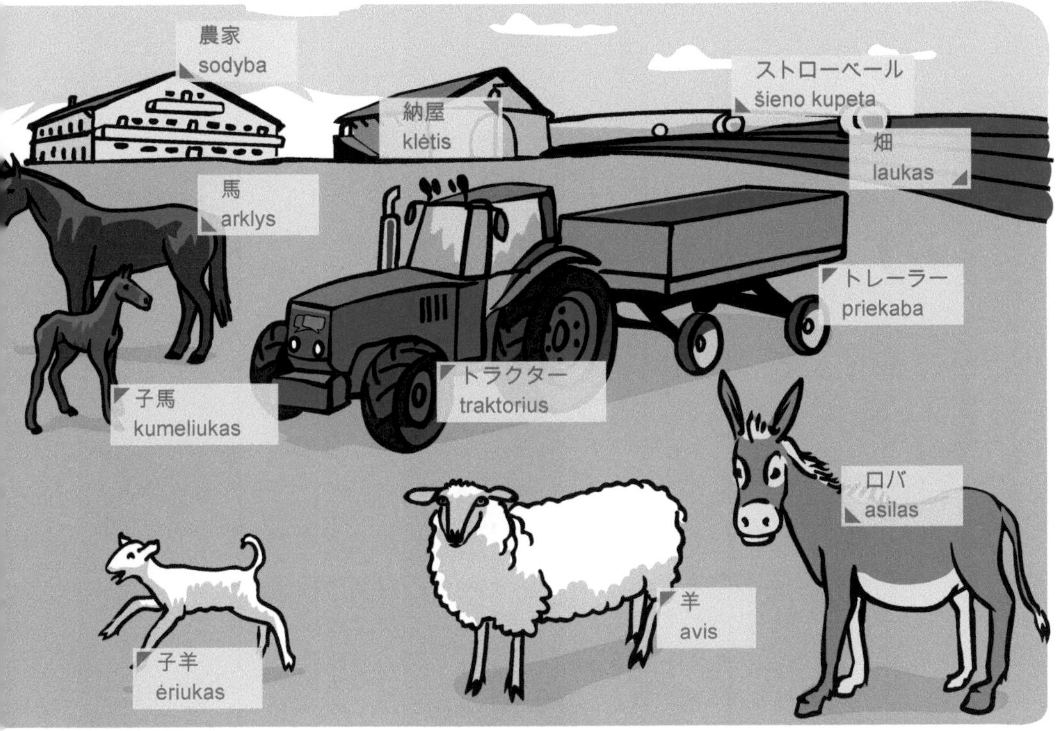

農家
sodyba
納屋
klėtis
ストローベール
šieno kupeta
畑
laukas
馬
arklys
トレーラー
priekaba
トラクター
traktorius
子馬
kumeliukas
ロバ
asilas
羊
avis
子羊
ėriukas


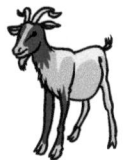

ヤギ

ožys

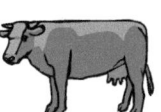

雌牛

karvė

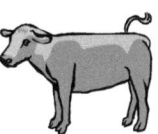

子牛

veršis

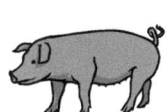

豚

kiaulė

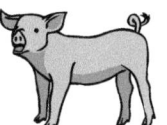

子豚

paršelis

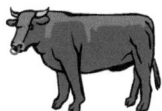

雄牛

bulius

ガチョウ

žąsis

アヒル

antis

ひよこ

viščiukas

にわとり

višta

おんどり

gaidys

ネズミ

žiurkė

猫

katė

ねずみ

pelė

雄牛

jautis

犬

šuo

犬小屋

šuns būda

散水ホース

sodo namas

じょうろ

laistytuvas

大鎌

dalgis

すき

plūgas

草刈り鎌
pjautuvas

くわ
kauptukas

堆肥用フォーク
šakės

斧
kirvis

手押し車
statinė

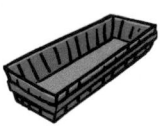

かいばおけ
lovys

牛乳缶
bidonas

袋
maišas

フェンス
tvora

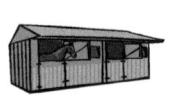

畜舎
arklidė

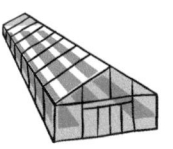

温室
šiltnamis

土壌
dirva

種
sėkla

肥料
trąšos

コンバイン
kombainas

収穫する

rinkti

収穫

derlius

ヤマイモ

saldžiosios bulvės

小麦

kviečiai

大豆

soja

じゃがいも

bulvė

トウモロコシ

kukurūzai

菜種

rapsai

果樹

vaismedis

キャッサバ

manijokas

穀物

grūdai

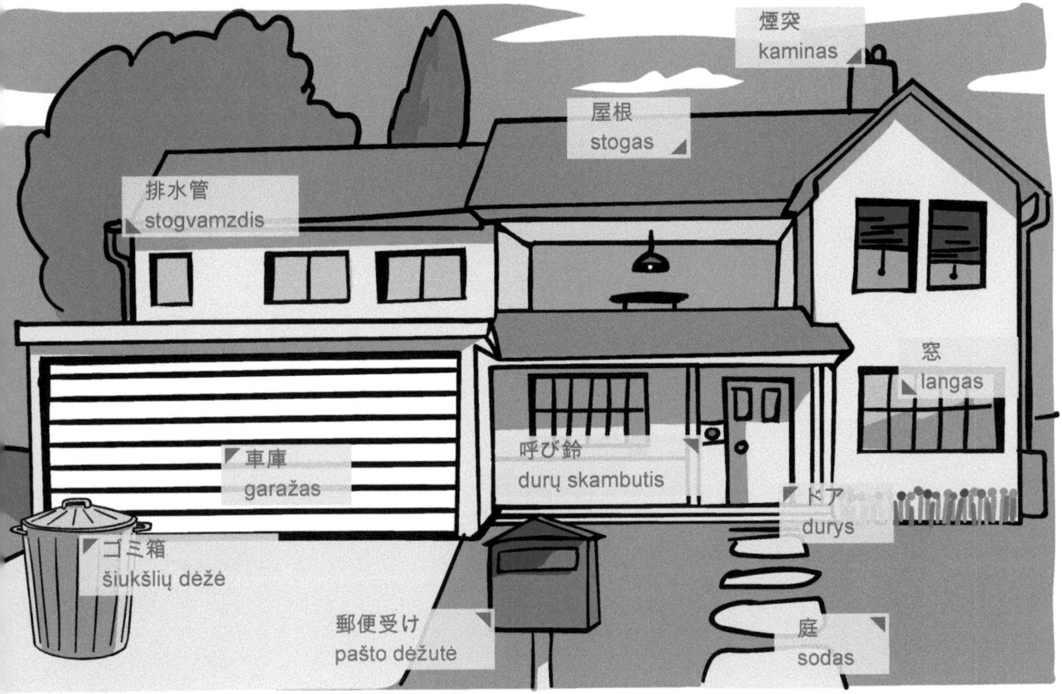

煙突
kaminas

屋根
stogas

排水管
stogvamzdis

窓
langas

車庫
garažas

呼び鈴
durų skambutis

ドア
durys

ゴミ箱
šiukšlių dėžė

郵便受け
pašto dėžutė

庭
sodas

リビングルーム

svetainė

浴室

vonios kambarys

台所

virtuvė

寝室

miegamasis

子供部屋

vaiko kambarys

ダイニング・ルーム

valgomasis

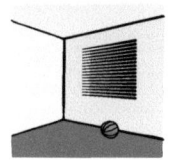

床
grindys

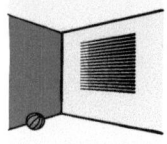

壁
siena

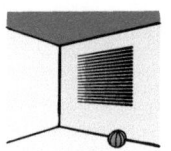

天井
lubos

地下貯蔵庫
rūsys

サウナ
sauna

バルコニー
balkonas

テラス
terasa

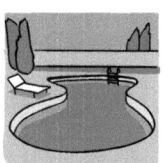

プール
baseinas

芝刈り機
žoliapjovė

シーツ
paklodė

ベッドカバー
lovatiesė

ベッド
lova

ほうき
šluota

バケツ
kibiras

スイッチ
jungiklis

# リビングルーム

## svetainė

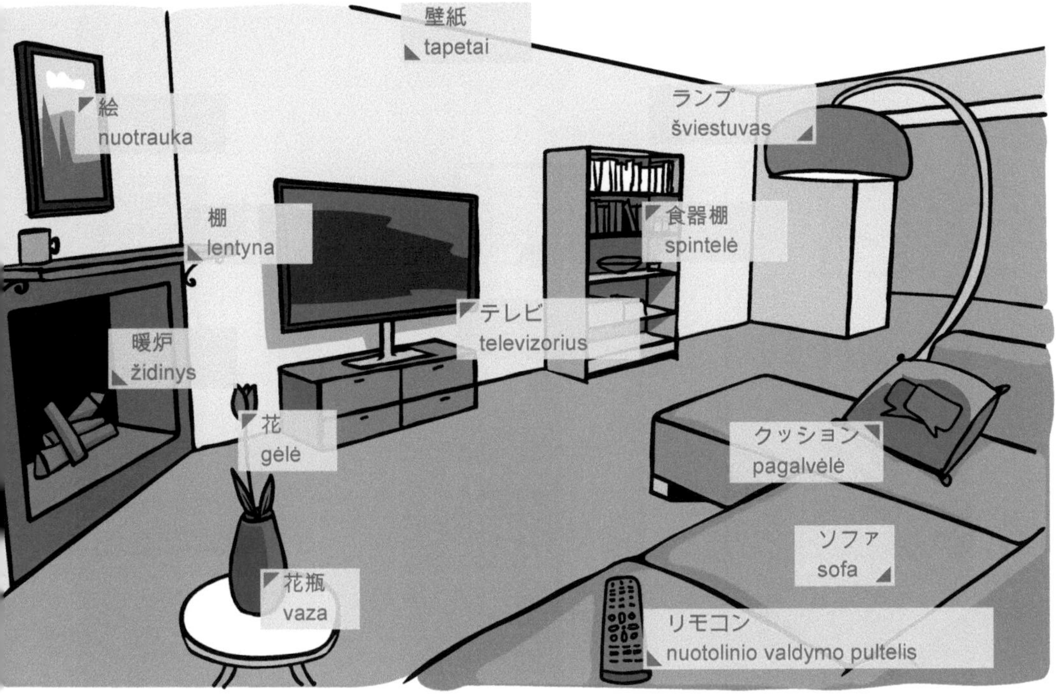
壁紙
tapetai
絵
nuotrauka
ランプ
šviestuvas
棚
lentyna
食器棚
spintelė
テレビ
televizorius
暖炉
židinys
花
gėlė
クッション
pagalvėlė
ソファ
sofa
花瓶
vaza
リモコン
nuotolinio valdymo pultelis

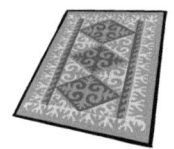

カーペット

kilimas

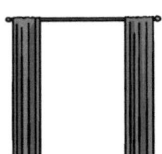

カーテン

užuolaida

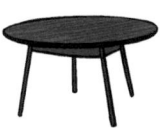

テーブル

stalas

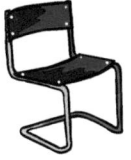

椅子

kėdė

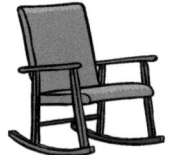

ロッキングチェア

supamasis krėslas

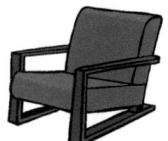

ひじ掛け椅子

fotelis

本
knyga

毛布
antklodė

飾り
papuošimai

たきぎ
malkos

映画
filmas

ステレオ
stereo aparatūra

鍵
raktas

新聞
laikraštis

絵画
paveikslas

ポスター
plakatas

ラジオ
radijas

メモ帳
užrašų knygelė

掃除機
dulkių siurblys

サボテン
kaktusas

ろうそく
žvakė

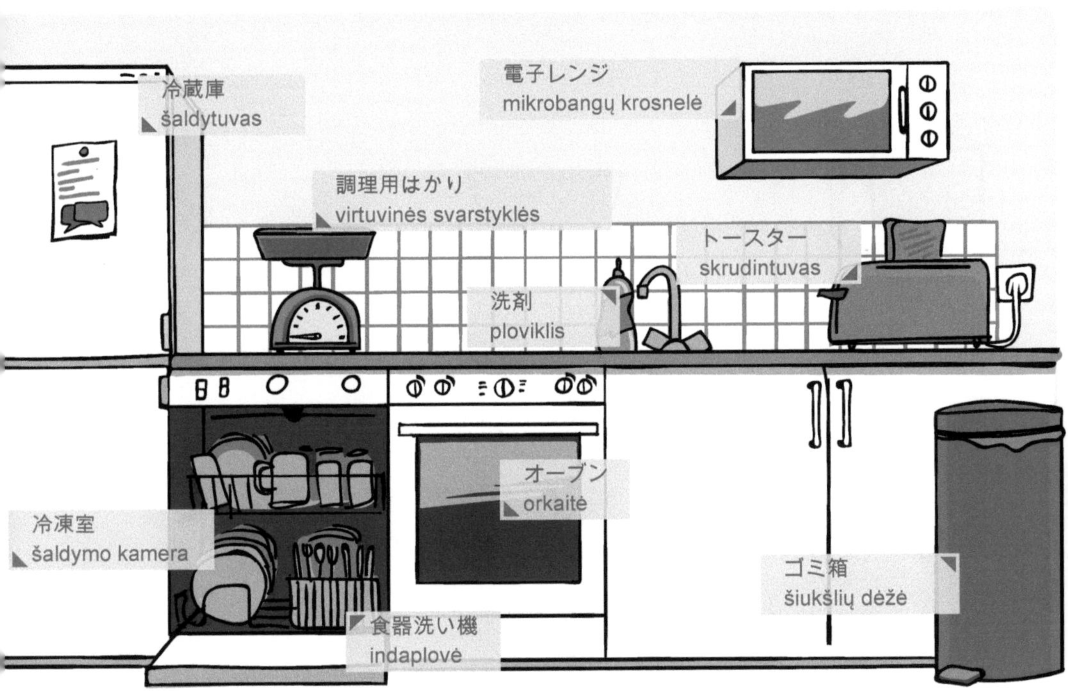

冷蔵庫
šaldytuvas

電子レンジ
mikrobangų krosnelė

調理用はかり
virtuvinės svarstyklės

トースター
skrudintuvas

洗剤
ploviklis

オーブン
orkaitė

冷凍室
šaldymo kamera

ゴミ箱
šiukšlių dėžė

食器洗い機
indaplovė

こんろ

viryklė

鍋

puodas

鉄鍋

ketaus puodas

中華鍋/ カダイ鍋

„wok" keptuvė

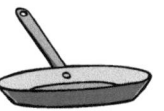

フライパン

keptuvė

やかん

virdulys

蒸し器

garų puodas

天板

kepimo skarda

食器

porceliano indai

マグカップ

puodelis

ボウル

dubuo

箸

valgomosios lazdelės

おたま

samtis

へら

mentelė

泡立て器

plaktuvas

こし器

koštuvas

ふるい

sietas

すりおろし器

trintuvė

すり鉢

grūstuvė

バーベキュー

kepsninė

かまど

atvira liepsna

まな板

pjaustymo lentelė

麺棒

kočėlas

栓抜き

kamščiatraukis

缶

skardinė

缶切り

skardinių atidarytuvas

鍋つかみ

puodkėlė

流し

kriauklė

ブラシ

šepetys

スポンジ

kempinė

ミキサー

trintuvas

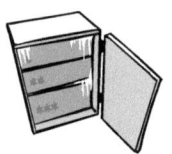

冷凍庫

šaldiklis

哺乳瓶

kūdikių buteliukas

蛇口

čiaupas

# 浴室

# vonios kambarys

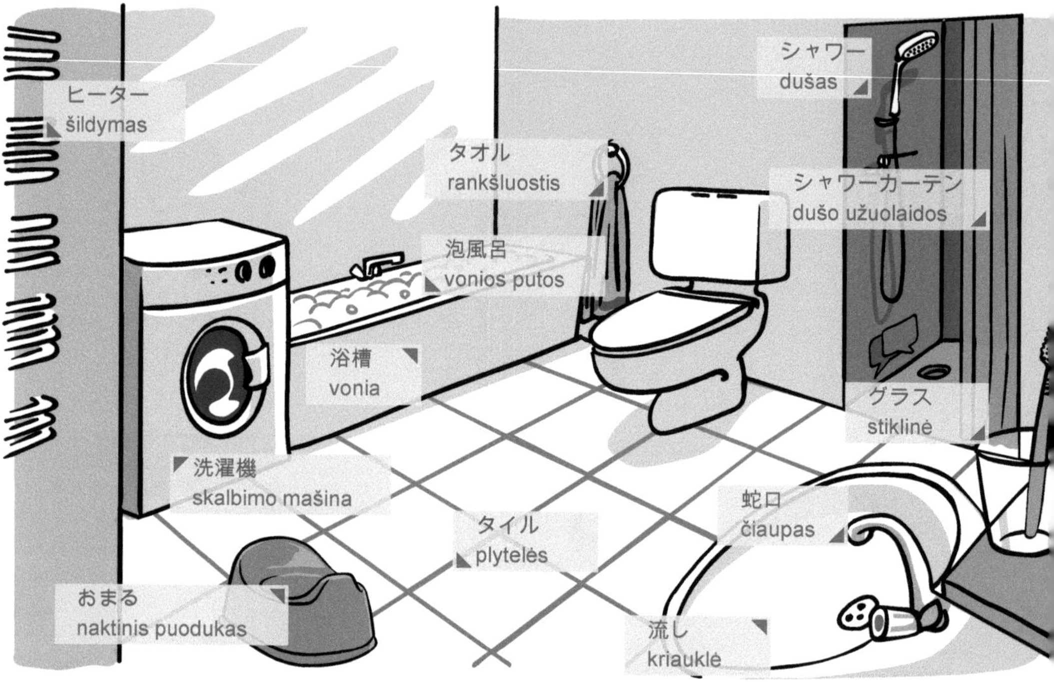

ヒーター
šildymas
タオル
rankšluostis
シャワー
dušas
シャワーカーテン
dušo užuolaidos
泡風呂
vonios putos
浴槽
vonia
グラス
stiklinė
洗濯機
skalbimo mašina
蛇口
čiaupas
タイル
plytelės
おまる
naktinis puodukas
流し
kriauklė


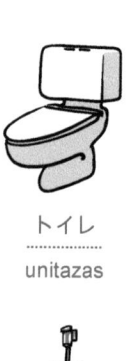

トイレ

unitazas

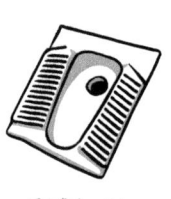

和式トイレ

tupimasis unitazas

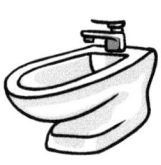

ビデ

bidė

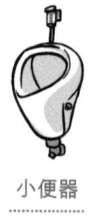

小便器

pisuaras

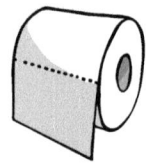

トイレットペーパー

tualetinis popierius

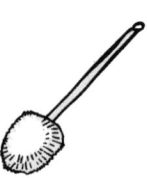

トイレブラシ

unitazo šepetys

歯ブラシ

dantų šepetėlis

歯みがき

dantų pasta

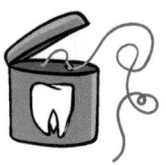

デンタルフロス

dantų siūlas

洗う

plauti

シャワーヘッド

dušo galvutė

ハンドビデ

higieninis dušas

洗面台

praustuvas

ボディブラシ

nugaros plaušinė

石鹸

muilas

シャワー用ジェル

dušo želė

シャンプー

šampūnas

浴用タオル

plaušinė

排水口

kanalizacija

クリーム

kremas

消臭

dezodorantas

浴室 - vonios kambarys

鏡
veidrodis

手鏡
veidrodėlis

かみそり
skustuvas

シェービング・フォーム
skutimosi putos

アフターシェーブローショ
ン
losjonas po skutimosi

櫛
šukos

ブラシ
šepetys

ドライヤー
plaukų džiovintuvas

ヘアスプレー
plaukų lakas

化粧
makiažas

口紅
lūpdažis

マニキュア
nagų lakas

脱脂綿
vata

爪切り
žirklutės nagams

香水
kvepalai

洗面用具入れ

maišelis skalbiniams

スツール

taburetė

体重計

svarstyklės

バスローブ

chalatas

ゴム手袋

guminės pirštinės

タンポン

tamponas

生理用ナプキン

higieninis įklotas

ケミカルトイレ

biotualetas

# 子供部屋

## vaiko kambarys

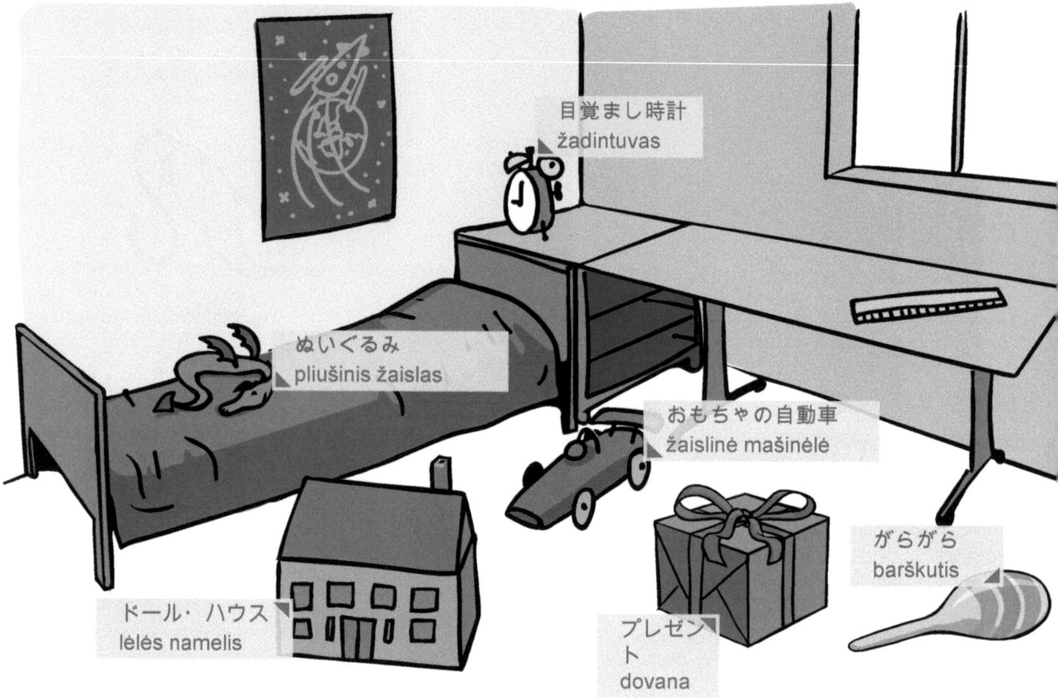

目覚まし時計
žadintuvas
ぬいぐるみ
pliušinis žaislas
おもちゃの自動車
žaislinė mašinėlė
がらがら
barškutis
ドール・ハウス
lėlės namelis
プレゼント
dovana


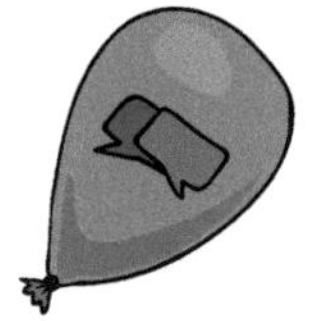

風船

balionas

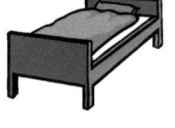

ベッド

lova

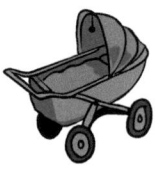

ベビーカー

vaikiškas vežimėlis

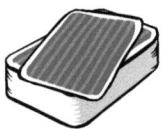

カードゲーム

kortų malka

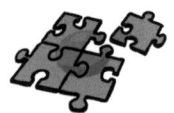

ジグソーパズル

delionė

漫画

komiksai

レゴ

lego kaladėlės

玩具ブロック

žaislinės kaladėlės

アクションフィギュア

figūrėlė

ロンパース

šliaužtinukai

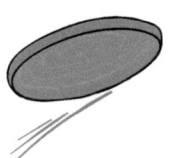

フリスビー

mėtymo lėkštė

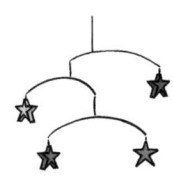

モバイル

karuselė

ボードゲーム

stalo žaidimas

さいころ

kauliukai

鉄道模型

žaislinis traukinys

おしゃぶり

žindukas

パーティー

vakarėlis

絵本

paveiksliukų knygelė

ボール

kamuolys

人形

lėlė

遊ぶ

žaisti

砂場

smėlio dėžė

ブランコ

sūpynės

おもちゃ

žaislai

ゲーム機

žaidimų konsolė

三輪車

triratukas

テディベア

meškiukas

衣装ダンス

drabužių spinta

# 衣服

## drabužis

靴下

kojinės

ストッキング

kojinės virš kelių

タイツ

pėdkelnės

スカーフ
šalikas

ベルト
diržas

雨傘
skėtis

Tシャツ
marškinėliai

スニーカー
sportbačiai

ブーツ
ilgaauliai batai

スリッパ
šlepetės

サンダル
sandalai

靴
batai

ゴム長靴
guminiai batai

パンツ
trumpikės

ブラ
liemenėlė

ベスト
liemenė

衣服 - drabužis

45

ボディースーツ

glaustinukė

ズボン

kelnės

ジーンズ

džinsai

スカート

sijonas

ブラウス

palaidinė

シャツ

marškiniai

セーター

megztinis

パーカー

megztinis su gobtuvu

ブレザー

švarkelis

ジャケット

švarkas

コート

paltas

レインコート

lietpaltis

服装

kostiumas

ドレス

suknelė

ウェディングドレス

vestuvinė suknelė

スーツ

kostiumas

ナイトガウン

naktiniai marškiniai

パジャマ

pižama

サリー

saris

ヘッドスカーフ

skarelė

ターバン

tiurbanas

ブルカ

burka

カフタン

kaftanas

アバヤ

abaja

水着

maudymosi kostiumėlis

トランクス

glaudės

半ズボン

šortai

スウェットスーツ

sportinis kostiumas

エプロン

prijuostė

手袋

pirštinės

ボタン

saga

メガネ

akiniai

ブレスレット

apyrankė

ネックレス

vėrinys

指輪

žiedas

イヤリング

auskaras

帽子

kepurė

ハンガー

pakabas

帽子

skrybėlė

ネクタイ

kaklaraištis

ファスナー

užtrauktukas

ヘルメット

šalmas

サスペンダー

breketai

制服

mokyklinė uniforma

ユニフォーム

uniforma

よだれかけ
seilinukas

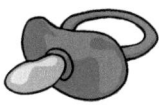

おしゃぶり
žindukas

おむつ
vystyklai

## オフィス
## biuras

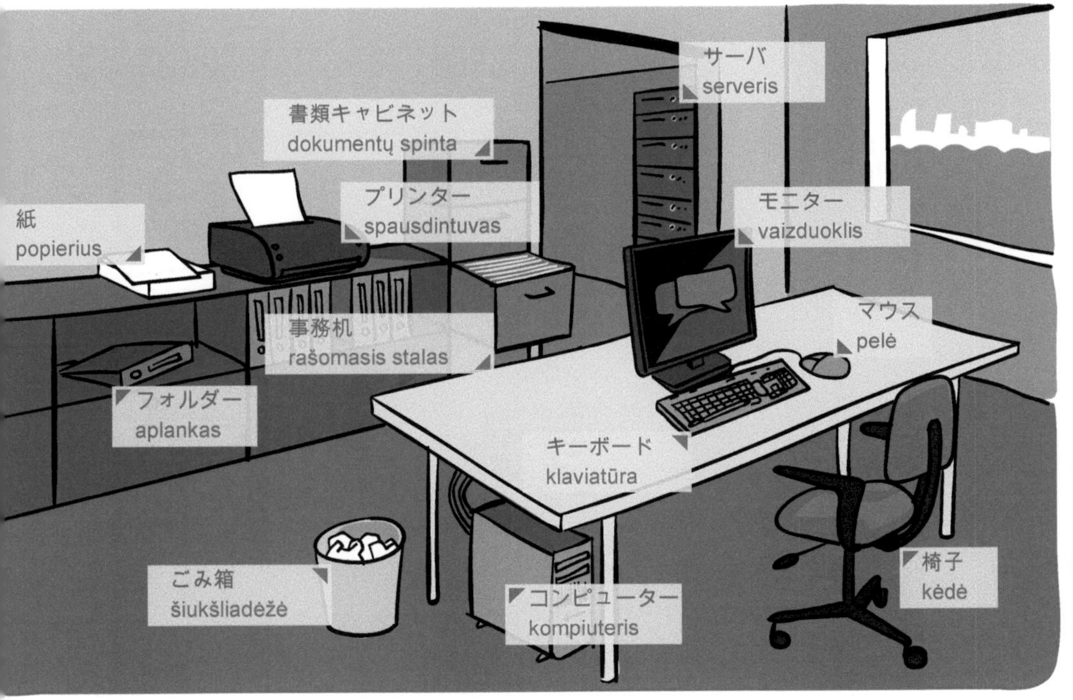

サーバ
serveris

書類キャビネット
dokumentų spinta

プリンター
spausdintuvas

モニター
vaizduoklis

紙
popierius

マウス
pelė

事務机
rašomasis stalas

フォルダー
aplankas

キーボード
klaviatūra

椅子
kėdė

ごみ箱
šiukšliadėžė

コンピューター
kompiuteris

コーヒーマグ

kavos puodelis

計算機

kalkuliatorius

インターネット

internetas

ラップトップ

nešiojamasis kompiuteris

手紙

laiškas

メッセージ

žinutė

携帯電話

mobilusis telefonas

ネットワーク

tinklas

コピー機

fotokopijavimo aparatas

ソフトウェア

programinė įranga

電話

telefonas

コンセント

kištukinis lizdas

ファックス

faksas

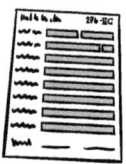

フォーム

forma

書類

dokumentas

買う
.............
pirkti

支払う
.............
mokėti

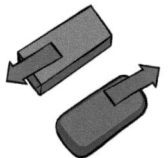

取引する
.............
prekiauti

お金
.............
pinigai

ドル
.............
doleris

ユーロ
.............
euras

円
.............
jena

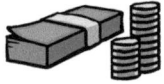

ルーブル
.............
rublis

スイスフラン
.............
Šveicarijos frankas

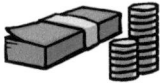

人民元
.............
juanis

ルピー
.............
rupija

キャッシュポイント
.............
bankomatas

両替所
valiutos keitykla

金
auksas

銀
sidabras

油
nafta

エネルギー
energija

価格
kaina

契約
sutartis

税金
mokestis

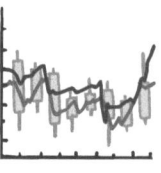

株
akcijos

働く
dirbti

従業員
darbuotojas

雇用主
darbdavys

工場
gamykla

ショップ
parduotuvė

# 職業

# profesijos

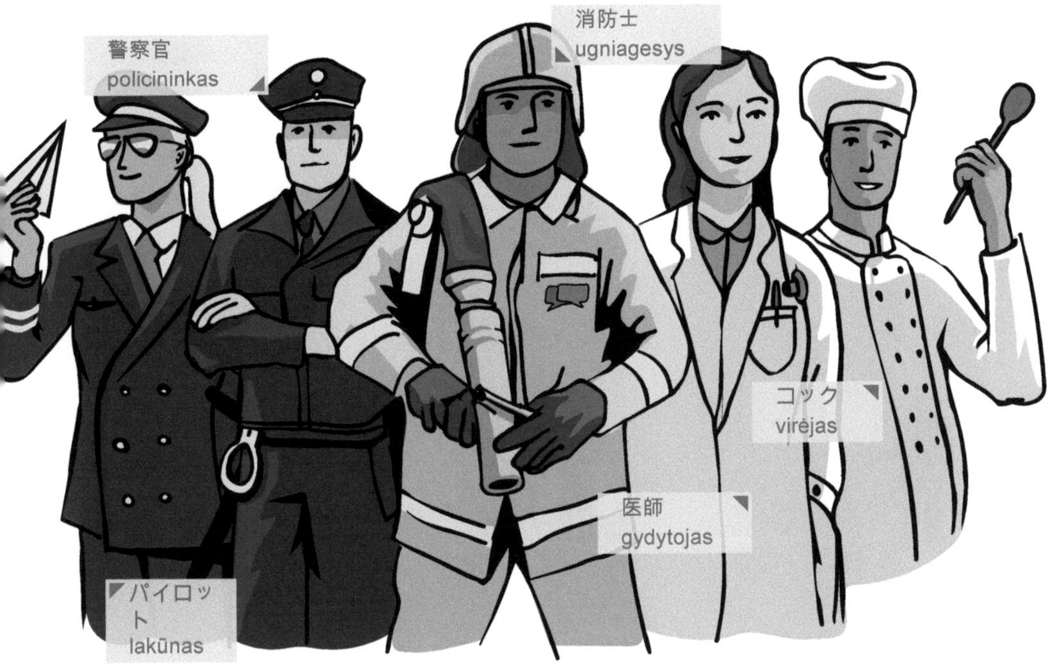

警察官
policininkas
消防士
ugniagesys
コック
virėjas
医師
gydytojas
パイロット
lakūnas


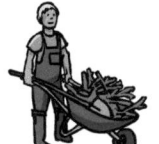

庭師

sodininkas

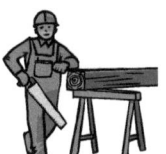

大工

stalius

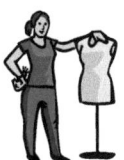

お針子

siuvėja

裁判官

teisėjas

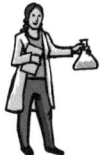

化学者

chemikas

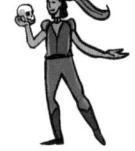

俳優

aktorius

バスの運転手

autobuso vairuotojas

タクシー運転手

taksi vairuotojas

漁師

žvejys

掃除婦

valytoja

屋根ふき職人

stogdengys

ウェイター

padavėjas

ハンター

medžiotojas

塗装工

dailininkas

パン屋

kepėjas

電気工

elektrikas

建設作業員

statybininkas

エンジニア

inžinierius

肉屋

mėsininkas

配管工

santechnikas

郵便配達人

paštininkas

軍人

kareivis

建築家

architektas

レジ係

kasininkas

花屋

gėlininkas

美容師

kirpėjas

車掌

konduktorius

機械工

mechanikas

キャプテン

kapitonas

歯科医

odontologas

科学者

mokslininkas

ラビ

rabinas

イスラム導師

imamas

修道士

vienuolis

牧師

kunigas

# 道具

## įrankiai

ハンマー
plaktukas
くぎ抜き
replės
ドライバー
atsuktuvas
スパナ
raktas
懐中電灯
suvirinimo apar


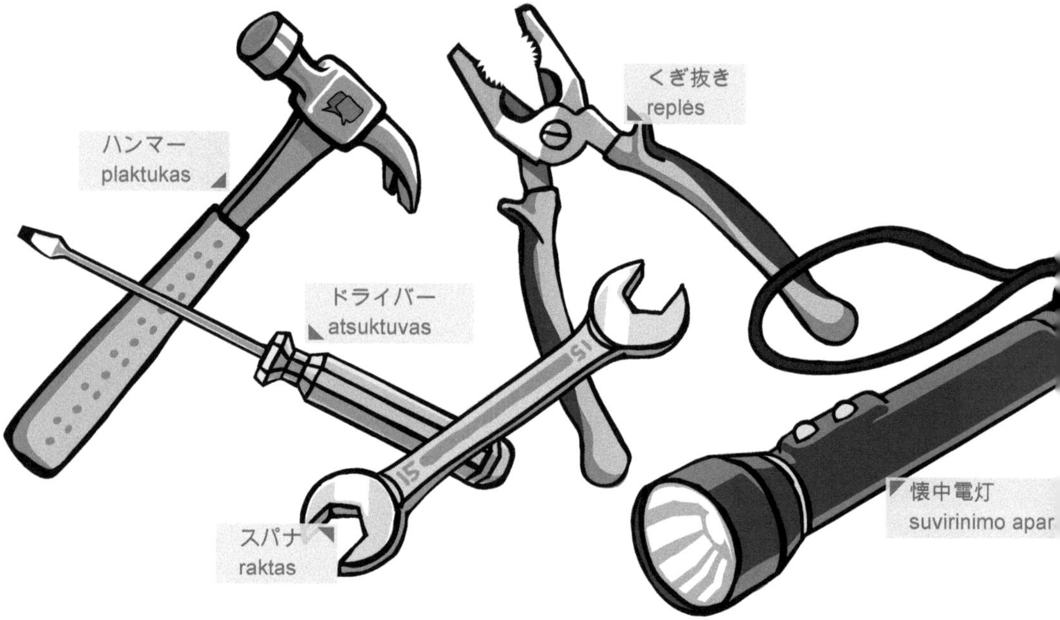

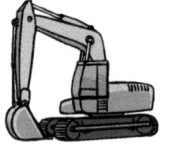

掘削機

ekskavatorius

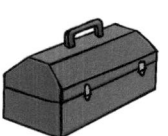

道具箱

įrankių dėžė

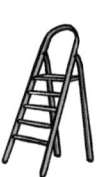

はしご

kopėčios

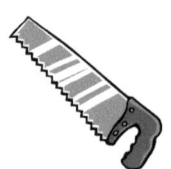

のこぎり

pjūklas

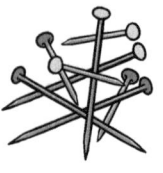

釘

vinys

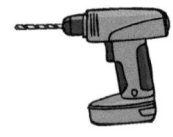

ドリル

grąžtas

修理する

taisyti

シャベル

kastuvas

クソ！

Velniava!

ちりとり

semtuvėlis

ペンキ缶

dažų skardinė

ネジ

varžtai

## 楽器

## muzikos instrumentai

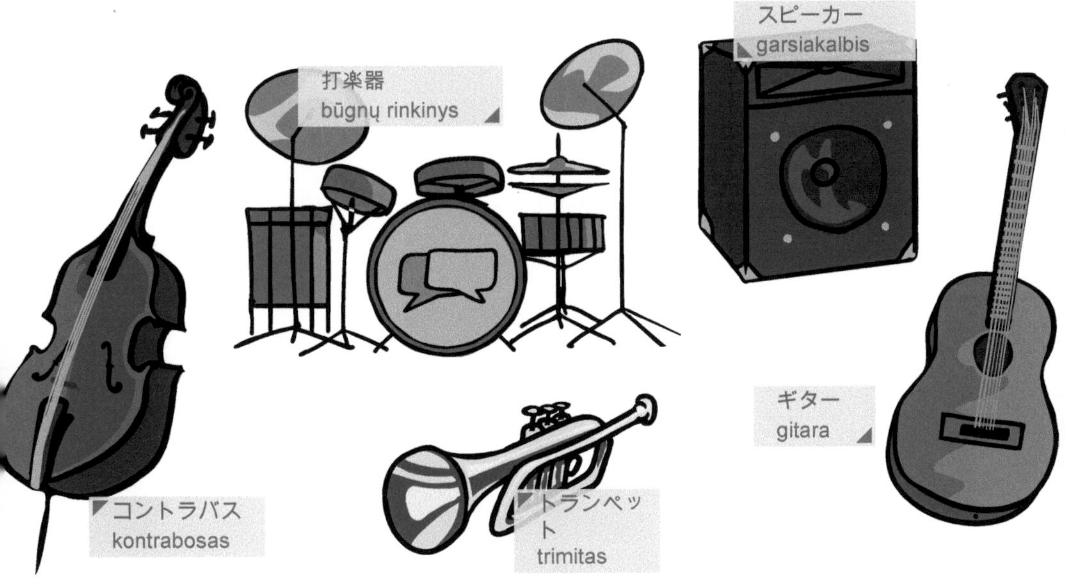

打楽器
būgnų rinkinys

スピーカー
garsiakalbis

ギター
gitara

▼コントラバス
kontrabosas

トランペット
trimitas

ピアノ

pianinas

バイオリン

smuikas

バス

bosinė gitara

ティンパニ

timpanas

ドラム

būgnai

キーボード

sintezatorius

サックス

saksofonas

フルート

fleita

マイクロフォン

mikrofonas

# 動物園

## zoologijos sodas

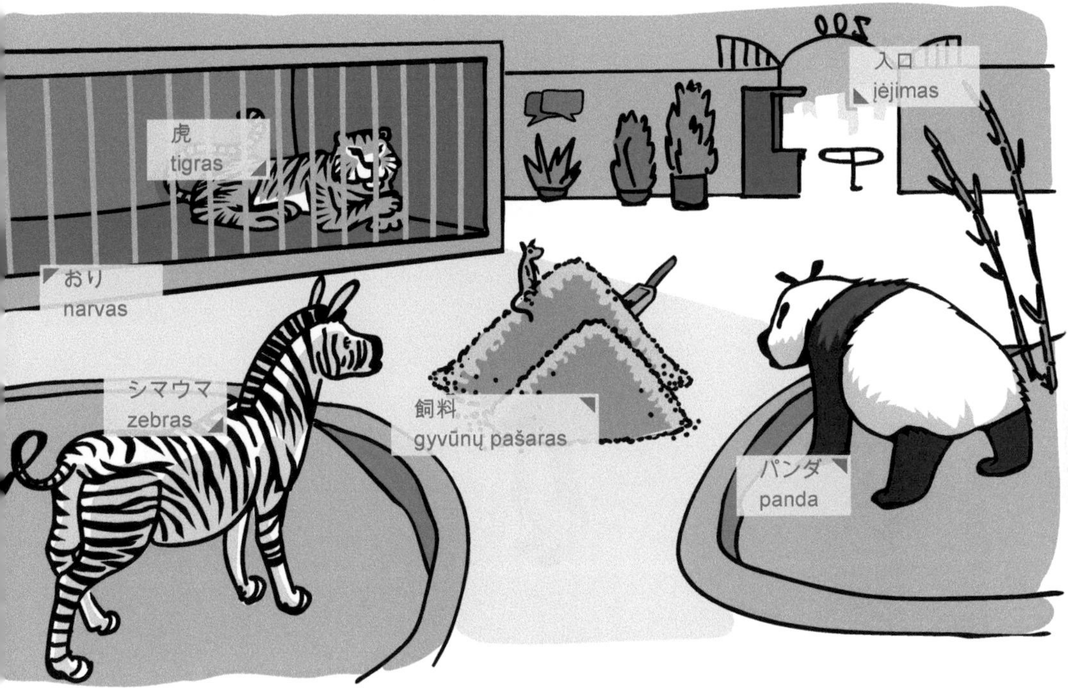

入口
įėjimas
虎
tigras
おり
narvas
シマウマ
zebras
飼料
gyvūnų pašaras
パンダ
panda


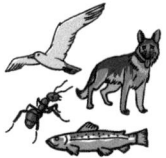

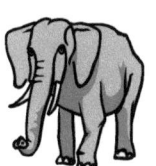

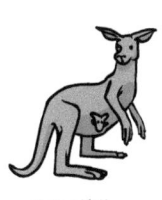

動物

gyvūnai

象

dramblys

カンガルー

kengūra

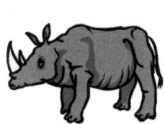

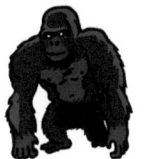

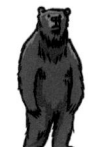

サイ

raganosis

ゴリラ

gorila

熊

meška

ラクダ

kupranugaris

ダチョウ

strutis

ライオン

liūtas

猿

beždžionė

フラミンゴ

flamingas

オウム

papūga

白クマ

baltoji meška

ペンギン

pingvinas

サメ

ryklys

クジャク

povas

蛇

gyvatė

ワニ

krokodilas

飼育係

zoologijos sodo prižiūrėtojas

アザラシ

ruonis

ジャガー

jaguaras

ポニー

ponis

ヒョウ

leopardas

カバ

begemotas

キリン

žirafa

鷲

erelis

雄豚

šernas

魚

žuvis

亀

vėžlys

セイウチ

vėplys

狐

lapė

ガゼル

gazelė

動物園 - zoologijos sodas

アメフト
amerikietiškas futbolas

サイクリング
dviračių sportas

テニス
tenisas

バスケットボール
krepšinis

水泳
plaukimas

ボクシング
boksas

アイスホッケー
ledo ritulys

サッカー
futbolas

バドミントン
badmintonas

陸上競技
atletika

ハンドボール
rankinis

スキー
slidinėjimas

ポロ
polas

跳ぶ
šokinėti

抱きしめる
apkabinti

笑う
juoktis

歩く
vaikščioti

歌う
dainuoti

夢見る
svajoti

祈る
melstis

キス
bučiuoti

書く
rašyti

描く
piešti

示す
rodyti

押す
stumti

与える
duoti

取る
imti

持っている
........................
turėti

する
........................
daryti

ある
........................
būti

立つ
........................
stovėti

走る
........................
bėgti

引く
........................
traukti

投げる
........................
mesti

落ちる
........................
kristi

横たわっている
........................
meluoti

待つ
........................
laukti

運ぶ
........................
nešti

座る
........................
sėdėti

着る
........................
rengtis

眠る
........................
miegoti

目が覚める
........................
pabusti

見る

žiūrėti

泣く

verkti

なでる

glostyti

櫛ですく

šukuoti

話す

kalbėti

理解する

suprasti

質問する

paklausti

聞く

klausytis

飲む

gerti

食べる

valgyti

片づける

tvarkytis

愛する

mylėti

料理する

gaminti

運転する

vairuoti

飛ぶ

skristi

ヨットに乗る

buriuoti

計算する

skaičiuoti

読む

skaityti

学ぶ

mokytis

働く

dirbti

結婚する

vesti

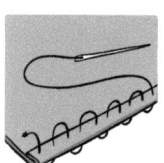

縫う

siūti

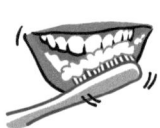

歯を磨く

valytis dantis

殺す

žudyti

喫煙する

rūkyti

送る

siųsti

祖母
senelė

祖父
senelis

父
tėvas

母
motina

赤ん坊
kūdikis

娘
dukra

息子
sūnus

お客様

svečias

おば

teta

おじ

dėdė

兄弟

brolis

姉妹

sesuo

# 体
## kūnas

ひたい
kakta
目
akis
肩
petys
指
pirštas
顔
veidas
あご
smakras
手
plaštaka
胸
krūtinė
脚
koja
腕
ranka


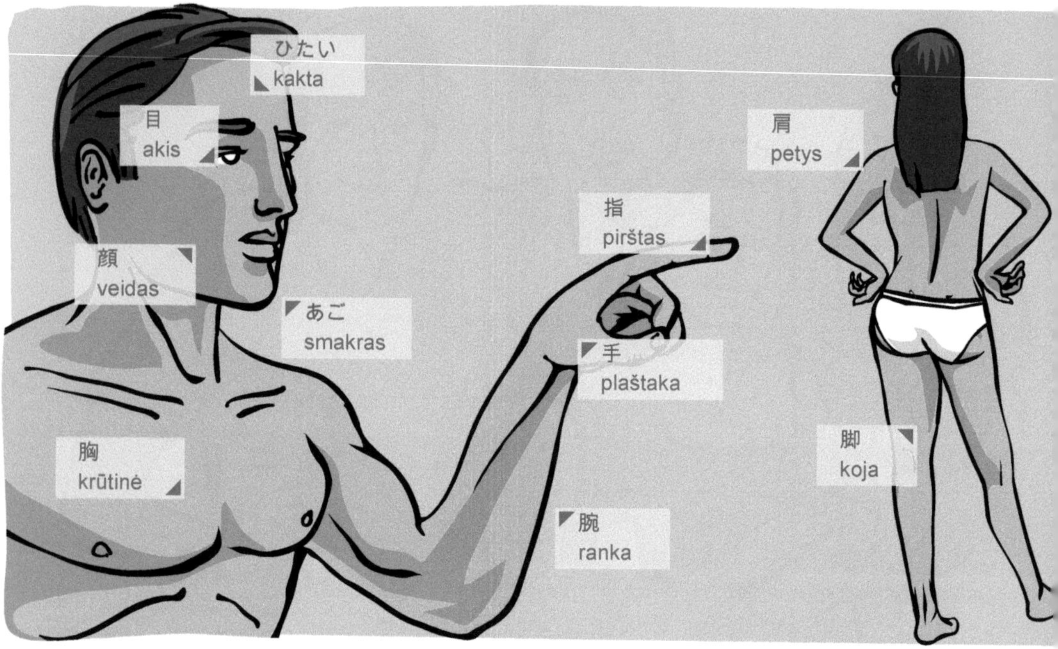

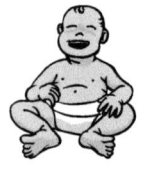

赤ん坊
kūdikis

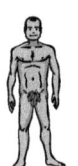

男性
vyras

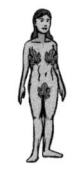

女性
moteris

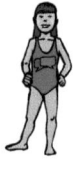

少女
mergaitė

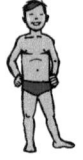

少年
berniukas

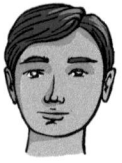

頭
galva

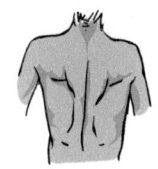

背中
nugara

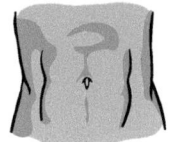

腹
pilvas

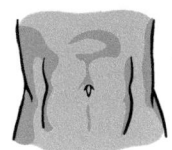

へそ
bamba

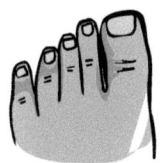

足指
kojos pirštas

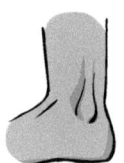

かかと
kulnas

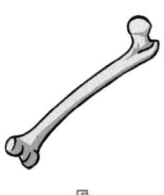

骨
kaulas

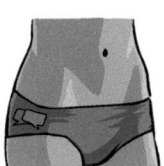

腰
klubas

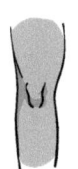

ひざ
kelis

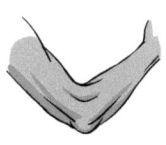

ひじ
alkūnė

鼻
nosis

尻
sėdmenys

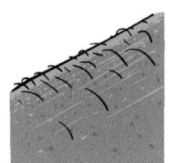

皮膚
oda

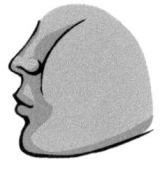

頬
skruostas

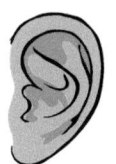

耳
ausis

唇
lūpa

体 - kūnas

口
burna

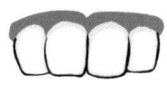

歯
dantis

舌
liežuvis

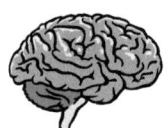

脳
smegenys

心臓
širdis

筋肉
raumuo

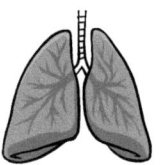

肺
plaučiai

肝臓
kepenys

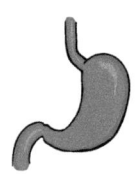

胃
skrandis

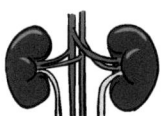

腎臓
inkstai

セックス
seksas

コンドーム
prezervatyvas

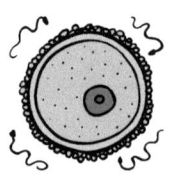

卵細胞
kiaušialąstė

精液
sperma

妊娠
nėštumas

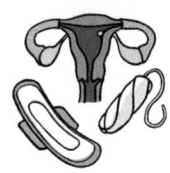

月経

menstruacijos

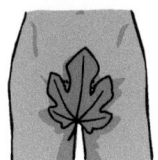

膣

makštis

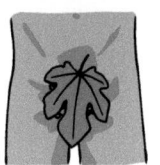

ペニス

varpa

眉

antakis

髪

plaukai

首

kaklas

# 病院
# ligoninė

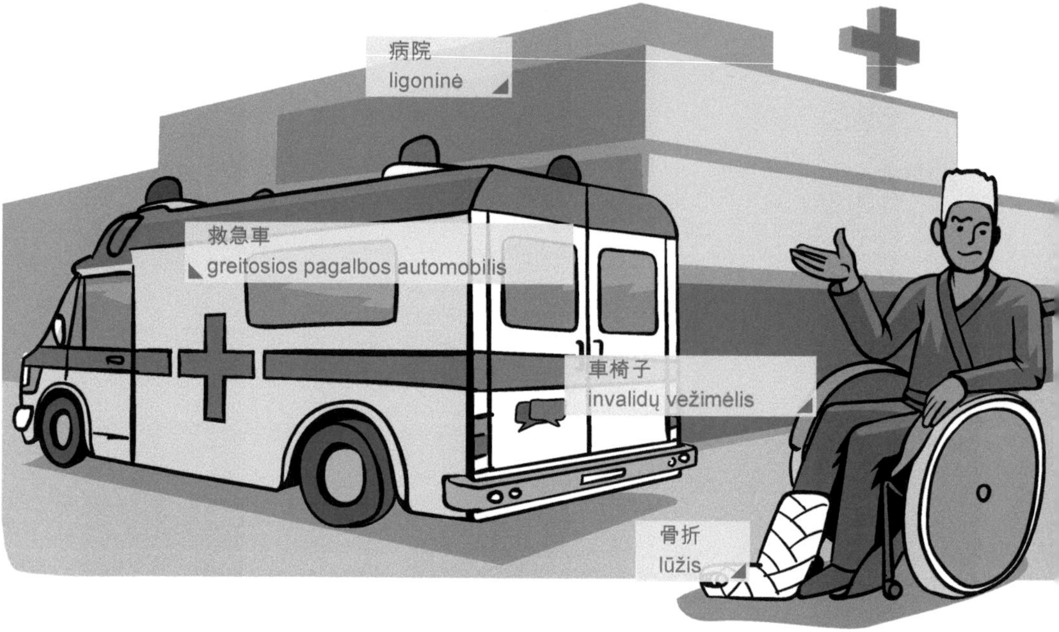

病院
ligoninė
救急車
greitosios pagalbos automobilis
車椅子
invalidų vežimėlis
骨折
lūžis


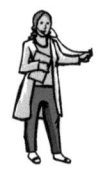

医師

gydytojas

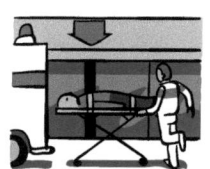

救急治療室

skubios pagalbos skyrius

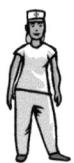

看護師

slaugytoja

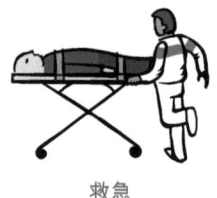

救急

nelaimingas atsitikimas

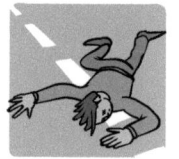

失神

be sąmonės

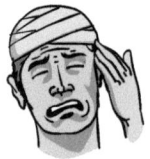

痛み

skausmas

けが

sužalojimas

出血

kraujavimas

心臓発作

širdies smūgis

脳卒中

insultas

アレルギー

alergija

咳

kosulys

熱

karščiavimas

インフルエンザ

gripas

下痢

viduriavimas

頭痛

galvos skausmas

癌

vėžys

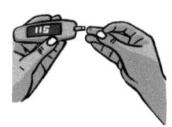

糖尿病

diabetas

外科医

chirurgas

外科用メス

skalpelis

手術

operacija

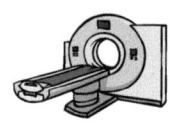

CT
KT

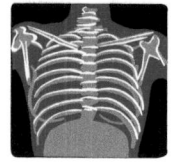

レントゲン
rentgenas

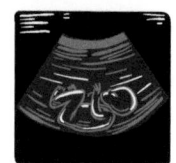

超音波
ultragarsas

マスク
veido kaukė

病気
liga

待合室
laukiamasis

松葉づえ
ramentas

ばんそうこう
gipsas

包帯
tvarstis

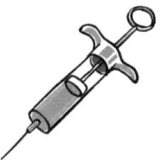

注射
injekcija

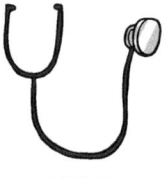

聴診器
stetoskopas

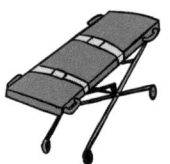

担架
neštuvai

体温計
termometras

出産
gimimas

肥満
antsvoris

補聴器

klausos aparatas

消毒剤

dezinfekavimo priemonė

感染

infekcija

ウイルス

virusas

HIV / エイズ

ŽIV / AIDS

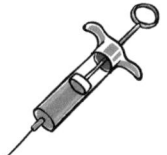

内服薬

vaistas

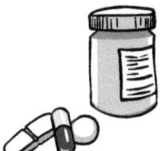

予防接種

skiepijimas

錠剤

tabletės

ピル

piliulė

緊急電話

skubios pagalbos numeris

血圧計

kraujospūdžio matuoklis

病気の / 健康な

ligotas / sveikas

# nelaimingas atsitikimas

助けて！

Padėkite!

アラーム

pavojaus signalas

暴行

užpuolimas

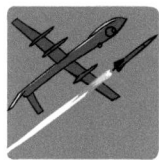

攻撃

ataka

危険

pavojus

非常口

avarinis išėjimas

火事だ！

Gaisras!

消火器

gesintuvas

事故

nelaimingas atsitikimas

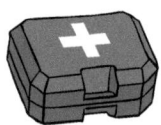

救急箱

pirmosios pagalbos rinkinys

SOS

SOS

警察

policija

ヨーロッパ

Europa

北米

Šiaurės Amerika

南米

Pietų Amerika

アフリカ

Afrika

アジア

Azija

オーストラリア

Australija

大西洋

Atlanto vandenynas

太平洋

Ramusis vandenynas

インド洋

Indijos vandenynas

南極海

Pietų vandenynas

北極海

Arkties vandenynas

北極

Šiaurės ašigalis

南極
Pietų ašigalis

南極大陸
Antarktida

地球
Žemė

陸
sausuma

海
jūra

島
sala

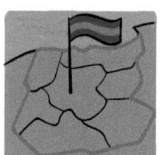

国家
tauta

国家
valstybė

文字盤

ciferblatas

短針

valandinė rodyklė

長針

minutinė rodyklė

秒針

sekundinė rodyklė

何時ですか？

Kiek valandų?

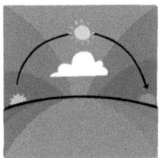

日

diena

時間

laikas

現在

dabar

デジタル時計

skaitmeninis laikrodis

分

minutė

時間

valanda

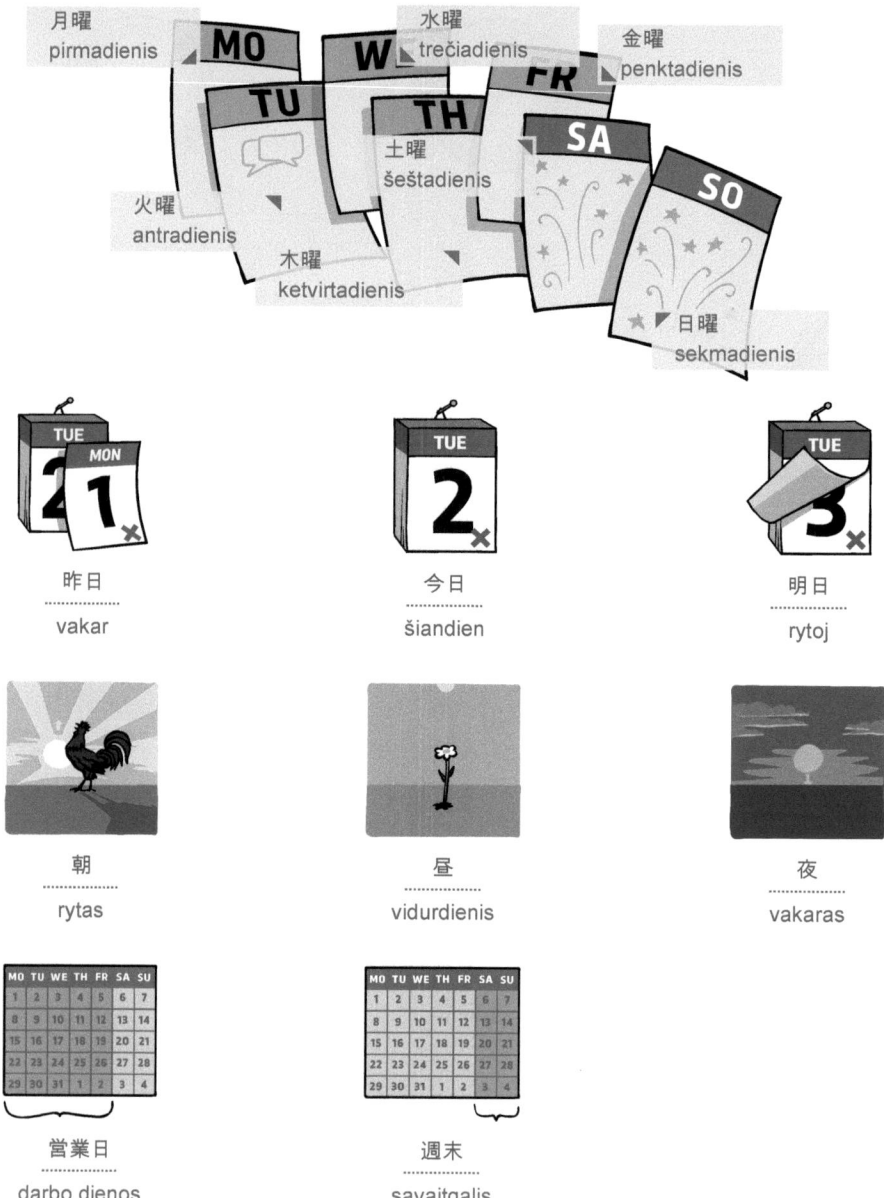

月曜
pirmadienis

**MO**

水曜
trečiadienis

**W**

金曜
penktadienis

**FR**

**TU**

**TH**

土曜
šeštadienis

**SA**

火曜
antradienis

木曜
ketvirtadienis

**SO**

日曜
sekmadienis

昨日
vakar

今日
šiandien

明日
rytoj

朝
rytas

昼
vidurdienis

夜
vakaras

営業日
darbo dienos

週末
savaitgalis

# 年
# metai

虹
vaivorykštė
雨
lietus
雪
sniegas
風
vėjas
春
pavasaris
秋
ruduo
夏
vasara
冬
žiema


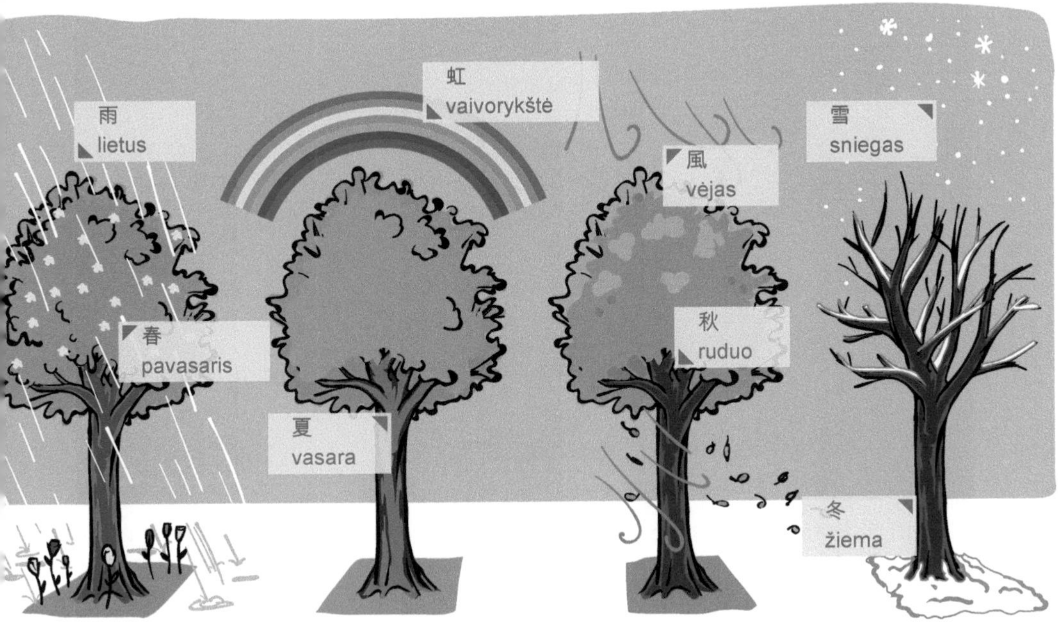

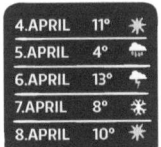

4.APRIL 11°
5.APRIL 4°
6.APRIL 13°
7.APRIL 8°
8.APRIL 10°


天気予報

orų prognozė

F C
120 40
90 30
60 20
30 10
0 0
-30 -10
-20


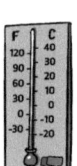

温度計

lauko termometras

日差し

saulės šviesa

雲

debesis

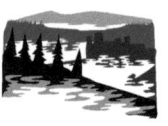

霧

rūkas

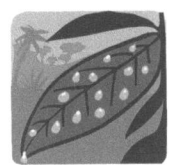

湿度

drėgmė

雷
žaibas

雷
griaustinis

嵐
audra

ひょう
kruša

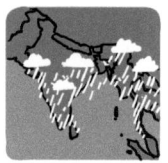

季節風
musonas

洪水
potvynis

氷
ledas

1月
sausis

2月
vasaris

3月
kovas

4月
balandis

5月
gegužė

6月
birželis

7月
liepa

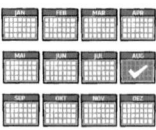

8月
rugpjūtis

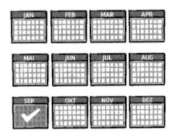

9月
.................
rugsėjis

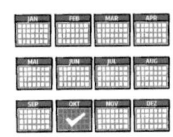

10月
.................
spalis

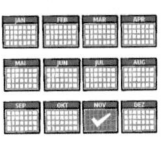

11月
.................
lapkritis

12月
.................
gruodis

## 形

## formos

円
.................
apskritimas

正方形
.................
kvadratas

長方形
.................
stačiakampis

三角
.................
trikampis

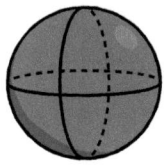

球
.................
sfera

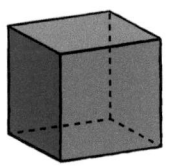

立方体
.................
kubas

白

balta

黄

geltona

オレンジ

oranžinė

ピンク

rožinė

赤

raudona

紫

violetinė

青

mėlyna

緑

žalia

茶

ruda

灰色

pilka

黒

juoda

# priešingos reikšmės žodžiai

多い / 少ない
daug / mažai

怒っている /
落ち着いている
piktas / ramus

美しい / 醜い
gražus / bjaurus

初め / 終わり
pradžia / pabaiga

大きい / 小さい
didelis / mažas

明るい / 暗い
šviesus / tamsus

兄弟 / 姉妹
brolis / sesuo

清潔な / 汚い
švarus / purvinas

完全な / 不完全な
užbaigtas / neužbaigtas

日中 / 夜
diena / naktis

死んだ / 生きている
miręs / gyvas

幅広い / 狭い
platus / siauras

食べられる /
食べられない
valgomas / nevalgomas

悪意のある / 親切な
piktas / malonus

興奮している /
退屈じでいる
linksmas / nuobodus

太った / 痩せた
storas / plonas

最初に / 最後に
pirmiausia / paskiausia

友人 / 敵
draugas / priešas

いっぱいの / 空の
pilnas / tuščias

硬い / 柔らかい
kietas / minkštas

重い / 軽い
sunkus / lengvas

空腹 / 喉の渇き
alkis / troškulys

病気の / 健康な
ligotas / sveikas

違法な / 合法な
nelegalus / legalus

賢い / 愚かな
protingas / kvailas

左に / 右に
kairė / dešinė

近い / 遠い
arti / toli

新しい / 中古の
naujas / naudotas

何もない / 何かある
niekas / kažkas

老いた / 若い
senas / jaunas

オン / オフ
jjungta / išjungta

開いている /
閉まっている
atidaryta / uždaryta

静かな / うるさい
tylus / garsus

裕福な / 貧乏な
turtingas / vargšas

正しい / 間違っている
teisus / neteisus

粗い / なめらか
šiurkštus / švelnus

悲しい / 幸せな
liūdnas / laimingas

短い / 長い
trumpas / ilgas

ゆっくり / 速い
lėtas / greitas

濡れた / 乾いた
drėgnas / sausas

温かい / 冷たい
šiltas / šaltas

戦争 / 平和
karas / taika

反対 - priešingos reikšmės žodžiai

**0**

ゼロ

nulis

**1**

1

vienas

**2**

2

du

**3**

3

trys

**4**

4

keturi

**5**

5

penki

**6**

6

šeši

**7**

7

septyni

**8**

8

aštuoni

**9**

9

devyni

**10**

10

dešimt

**11**

11

vienuolika

**12**

12
dvylika

**13**

13
trylika

**14**

14
keturiolika

**15**

15
penkiolika

**16**

16
šešiolika

**17**

17
septyniolika

**18**

18
aštuoniolika

**19**

19
devyniolika

**20**

20
dvidešimt

**100**

100
šimtas

**1.000**

1000
tūkstantis

**1.000.000**

100万
milijonas

英語

anglų

アメリカ英語

amerikiečių anglų

中国標準語

kinų (mandarinų)

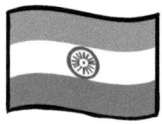

ヒンディー語

hindi

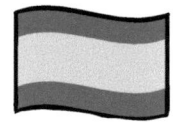

スペイン語

ispanų

フランス語

prancūzų

アラビア語

arabų

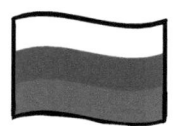

ロシア語

rusų

ポルトガル語

portugalų

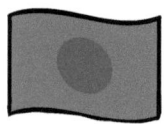

ベンガル語

bengalų

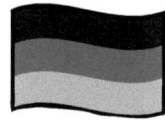

ドイツ語

vokiečių

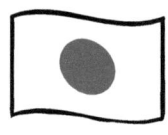

日本語

japonų

私

aš

あなた

tu

彼 / 彼女 / それ

jis / ji

私たち

mes

あなたたち

jūs

彼ら

jie

誰？

kas?

何？

ką?

どうやって？

kaip?

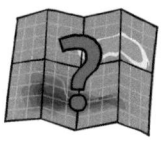

どこ？

kur?

いつ？

kada?

名前

vardas

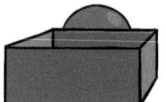

後ろ

už

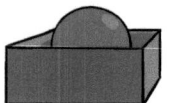

中

kur (vieta)

前

priešais

上

virš

上

ant

下

po

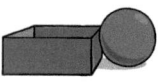

横

prie

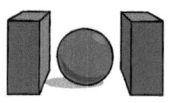

間

tarp

場所

vieta